Learn Lenormand
Grand Tableau Journal

By Life's a Beach Tarot

Learn Lenormand Grand Tableau Journal
Part of the Life's a Beach Tarot Divination Series

First published in 2018 by Licia Sorgi.
All rights reserved. No part of this book may be reproduced in any form without written permission of the copyright owners.

ISBN-13: 978-1717129635
ISBN-10: 1717129633

Published in 2018
Library of Congress Cataloging-in-Publication Data available

Graphic design by Marko Ivik, cover art by Fabiana Farcas, conceptualized and implemented by Licia Sorgi
Printed and bound in the U.S.A. via CreateSpace Publishing

CreateSpace
4900 LaCross Road
North Charleston, SC 29406
www.createspace.com

How to Assemble the Grand Tableau

Simply cut out the 5 pages at the seam and arrange them as shown in the diagram below.

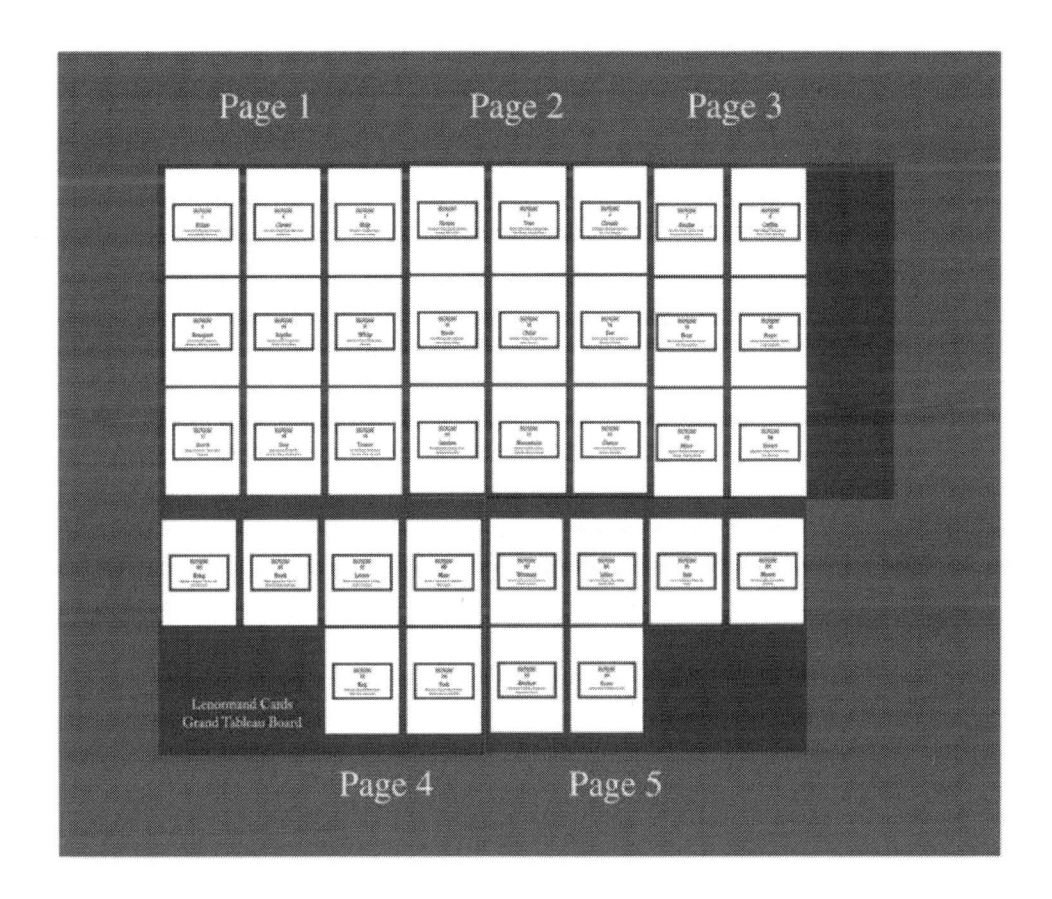

One Grand Tableau has keywords and one does not. Use any poker-sized Lenormand deck with these Grand Tableaus. We've included one for your convenience.
Enjoy!

How This Book Helps You

- Gives you the physical tools to help you learn the most comprehensive spread available. This amazing spread covers every area of the querent's life. It provides information such as timelines (past, present, and future) and answers multiple questions. It also gives lots of details like what's influencing a situation, whether those influences are in your control, and more!
- The keywords on our cards and Grand Tableau make card combinations easier.
- The journal helps you keep track of your interpretations and will help you progress faster as a reader.

This Lenormand Book Includes:

- Two full-sized (five pages each) put-together Grand Tableau Spreads to use as a spread cloth. Use any poker-sized Lenormand deck with these Grand Tableaus.
- A 36-card Lenormand deck (cut out, playing card sized) with keywords to use as a learning deck that is perfectly sized to use with the Grand Tableau.
- 60 double Grand Tableau worksheets to record your practice readings. Document every card in every house. Keep track of the date, the question, cards pulled, interpretations, outcome, and more!

Instructions for Use

This book contains the Grand Tableaus, the deck of cards, and the journal. Cut out the cards if you to use them with the Grand Tableau. Each Grand Tableau (there are two) consists of five pages each. One has keywords and one does not. Tear or cut out the five pages and assemble them as described in the diagram.

Once you have laid out your cards, grab a pencil and flip to the back of this journal to document your reading. When you hold the journal open, you will notice a darker main journal page and a lighter one conjunct to it. You may use them in any fashion that suits you. The lighter one is meant to be a secondary worksheet, for extra room. It includes some shaded areas to help you find the main theme, central cards, and fate line. You might like to work through the knighting, mirroring, and such on the lighter and use the darker to record the final combinations. Again, use them in whichever way you like.

This book is meant to be a journal, so, therefore, does not contain all of the instructions for reading the Lenormand (as it is a very in-depth and complex process), but contains all of the tools instead. We hope that you enjoy our series.

We offer a Learn Tarot Journal and a Learn Lenormand Journal that are available from Amazon.com and other retail outlets. Additionally, we have a line of t-shirts on Amazon that you can do readings on the shirt as you would a tarot cloth. Check it out by searching Life's a Beach Tarot Divination Series in the search bar.

HOUSE 1
Rider
Person/News/Message Coming In/ Leaving Quickly, Movement

HOUSE 2
Clover
Some Luck, Opportunity, Short-Lived Good Fortune

HOUSE 3
Ship
Movement, Vacation, Travel, Investment, Foreign

HOUSE 9
Bouquet
Attraction, Gift, Happiness, Abundant, Affection, Gratitude

HOUSE 10
Scythe
Stay Keen, Quick Danger/Loss, Decide, Cut/Cut Away

HOUSE 11
Whip
Repetitive Action, Punish, Argue, Train, Sex

HOUSE 17
Stork
Change, Movement, Travel, Birth, Pregnancy

HOUSE 18
Dog
Loyal Companion, Dog/Pet, Protector, Help/Lead, Know Soon

HOUSE 19
Tower
Law, Authority, Institutions, Structures, Alone, Up, Excel

HOUSE 4
House
Your Space, Home, Family, Stability/Security, Website/Biz

HOUSE 5
Tree
Health, Spirituality, Growing Takes Time/Slowly, Grounded, Roots

HOUSE 6
Clouds
Uncertainty, Warning, Confusion, Wait, Fear, Changing

HOUSE 12
Birds
Date, Meeting, Info or Message Comes, Gossip, Talking

HOUSE 13
Child
New Start, Brevity, Young/Young at Heart, Innocence

HOUSE 14
Fox
Smart, Cunning, Job/Employment, Warning of Trickery

HOUSE 20
Garden
Attending Event, Socialize, Social Network (Online Also)

HOUSE 21
Mountain
Obstacle, Not Able to Move, Opponent, Must Go Around

HOUSE 22
Choice
Choose Your Path, Alternatives, Decisions, Separation

HOUSE 7
Snake
Lies/Cheat/Deceit, Jealous, Desire, Woman (Can Be Other), Attack

HOUSE 8
Coffin
Major Ending/Timely Change, Illness, Death, Mourning

HOUSE 15
Bear
Most Powerful, Protection, Finance, Diet, Determination

HOUSE 16
Stars
Feeling Connected, Psychic, Inspired, Lucky, Expansion

HOUSE 23
Mice
Expenses, Small & Continual Loss/Damage, Thievery, Worry

HOUSE 24
Heart
Happiness, Romance, Passion, Care, Love, New Lover

HOUSE 25 **Ring** Happiness, Romance, Passion, Care, Love, New Lover	**HOUSE 26** **Book** Hidden Information or Not Yet Revealed, Study, Knowledge	**HOUSE 27** **Letter** Written Communications (Texting, Email), Documents

HOUSE 28 **Man** Querent or Interested In, Significant Male, Logical	

HOUSE 33 **Key** Wish Card, Unlocks Hidden (Info), Major Turn, Open, Close	**HOUSE 34** **Fish** Abundance, Opportunity, Freedom, Business Success, Ease, Fluid

Lenormand Cards
Grand Tableau Board

HOUSE 29 **Woman** Oneness or Interested In, Significant Female, Feminine	**HOUSE 35** **Anchor** Perseverance, Stability, Achievement, Dependable, Resolve
HOUSE 30 **Lilies** Taboo Theme/Pleasures, Elder, Elderly, Peaceful, Purity	**HOUSE 36** **Cross** Sadness, Grief, Suffering, Loss, Pain
HOUSE 31 **Sun** Success, Happiness, Bright and Sunny	
HOUSE 32 **Moon** Nurturing, Seduction, Intuition, Creativity	

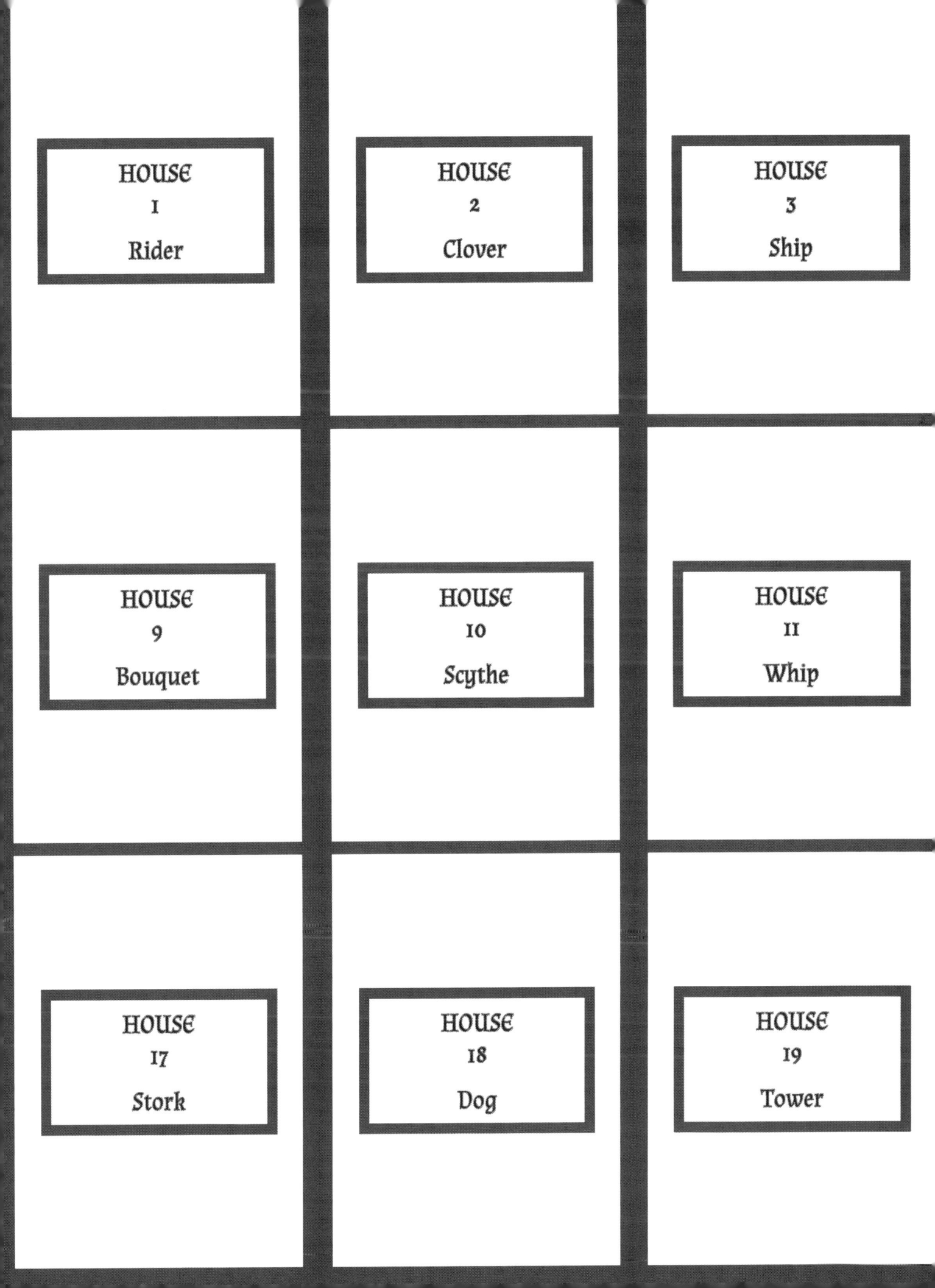

HOUSE 1 Rider	HOUSE 2 Clover	HOUSE 3 Ship
HOUSE 9 Bouquet	HOUSE 10 Scythe	HOUSE 11 Whip
HOUSE 17 Stork	HOUSE 18 Dog	HOUSE 19 Tower

HOUSE 4 House	HOUSE 5 Tree	HOUSE 6 Clouds
HOUSE 12 Birds	HOUSE 13 Child	HOUSE 14 Fox
HOUSE 20 Garden	HOUSE 21 Mountain	HOUSE 22 Choice

HOUSE 7 Snake	HOUSE 8 Coffin
HOUSE 15 Bear	HOUSE 16 Stars
HOUSE 23 Mice	HOUSE 24 Heart

HOUSE 25 Ring	HOUSE 26 Book	HOUSE 27 Letter	HOUSE 28 Man
		HOUSE 33 Key	HOUSE 34 Fish

Lenormand Cards
Grand Tableau Board

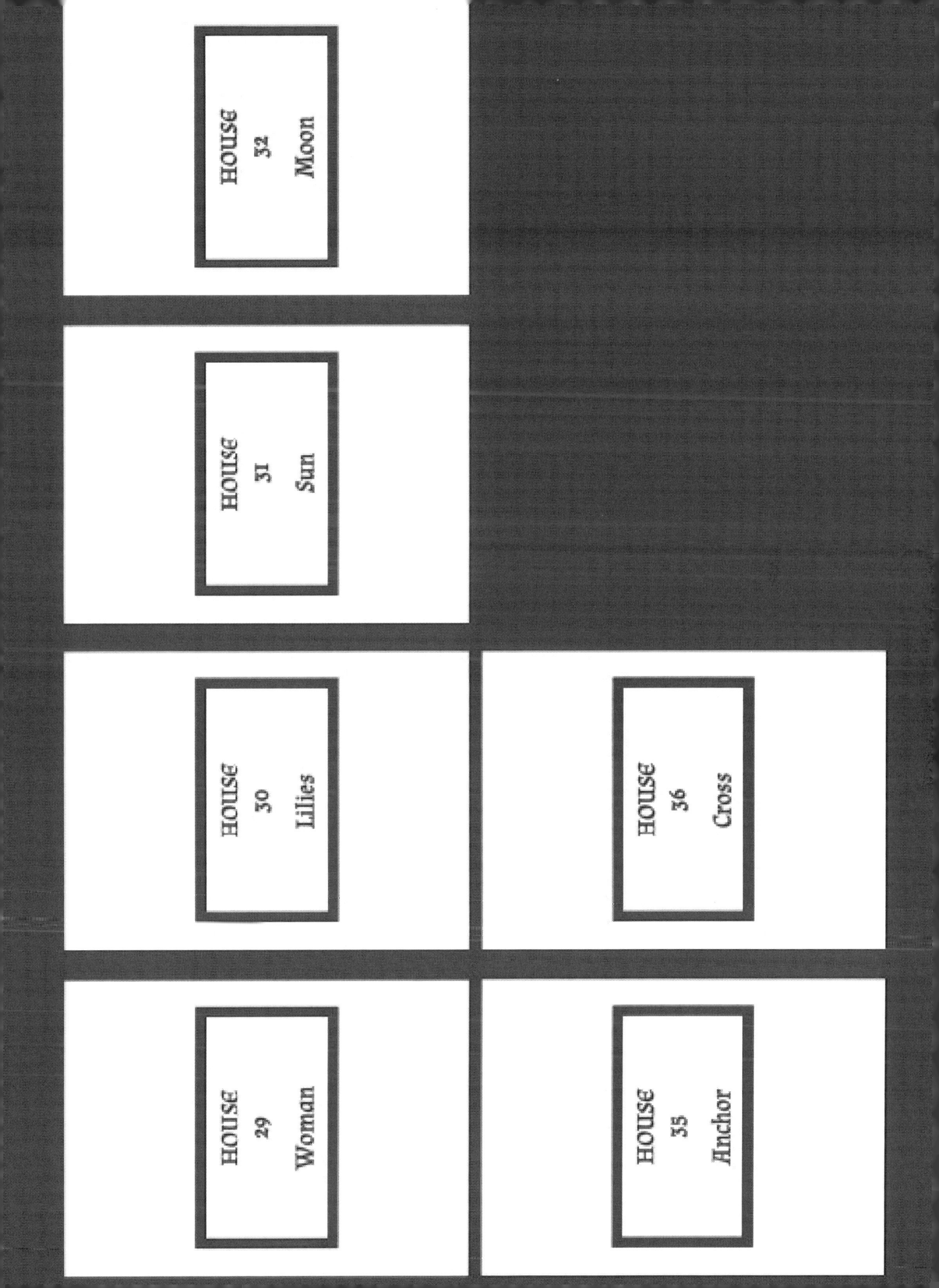

HOUSE 29 Woman	HOUSE 30 Lilies
	HOUSE 31 Sun
	HOUSE 32 Moon
HOUSE 35 Anchor	HOUSE 36 Cross

18	**28**	**13**
Dog	Man	Child
Loyal Companion, Dog/ Pet, Protector, Help/Lead, Know Soon	Querent or Interested In, Significant Male, Logical	New Start, Brevity, Young/ Young at Heart, Innocence
8	**6**	**31**
Coffin	Clouds	Sun
Major Ending/Timely Change, Illness, Death, Mourning	Uncertainty, Warning, Confusion, Wait, Fear, Changing	Success, Happiness, Bright and Sunny
27	**20**	**30**
Letter	Garden	Lilies
Written Communications (Texting, Email), Documents	Attending Event, Socialize, Social Network (Online Also)	Takes Time/Patience, Elder, Elderly, Peaceful, Purity

15 **Bear** Most Powerful, Protection, Finance, Diet, Determination	**29** **Woman** Querent or Interested In, Significant Female, Intuitive	**35** **Anchor** Permanence, Stability, Achievement, Dependable, Routine
4 **House** Your Space, Home, Family, Stability/Security, Website/Biz	**34** **Fish** Abundance, Opportunity, Freedom, Business Success, Ease, Fluid	**3** **Ship** Movement, Vacation, Travel, Investment, Foreign
23 **Mice** Expenses, Small & Continual Loss/Damage, Thievery, Worry	**2** **Clover** Some Luck, Opportunity, Short-Lived Good Fortune	**26** **Book** Hidden Information or Not Yet Revealed, Study, Knowledge

32	**14**	**22**
Moon	Fox	Choice
Notoriety, Seduction, Intuition, Creativity	Smart, Cunning, Job/Employment, Warning of Trickery	Choose Your Path, Alternatives, Decisions, Separation
21	**17**	**12**
Mountain	Stork	Birds
Obstacle, Not Able to Move, Opponent, Must Go Around	Change, Movement, Travel, Birth, Pregnancy	Date, Meeting, Info or Message Comes, Gossip, Talking
33	**1**	**16**
Key	Rider	Stars
Wish Card, Unlocks Hidden (Info), Major Turn, Open, Close	Person/News/Message Coming In/Leaving Quickly, Movement	Feeling Connected, Psychic, Inspired, Lucky, Expansion

7	19	9
## Snake	## Tower	## Bouquet
Lies/Cheat/Deceit, Jealous, Desire, Woman (Can Be Other), Attack	Law, Authority, Institutions, Structures, Alone, Up, Excel	Attraction, Gift, Happiness, Abundant, Affection, Gratitude
10	**36**	**11**
## Scythe	## Cross	## Whip
Stay Keen, Quick Danger/Loss, Decide, Cut/Cut Away	Sadness, Grief, Suffering, Loss, Pain	Repetitive Action, Punish, Argue, Train, Sex
25	**24**	**5**
## Ring	## Heart	## Tree
Happiness, Romance, Passion, Care, Love, New Lover	Happiness, Romance, Passion, Care, Love, New Lover	Health, Spirituality, Growing Takes Time/Slowly, Grounded, Roots

The Journal

HOUSE 1 Rider	HOUSE 2 Clover	HOUSE 3 Ship	HOUSE 4 House	HOUSE 5 Tree	HOUSE 6 Clouds	HOUSE 7 Snake	HOUSE 8 Coffin
HOUSE 9 Bouquet	HOUSE 10 Scythe	HOUSE 11 Whip	HOUSE 12 Birds	HOUSE 13 Child	HOUSE 14 Fox	HOUSE 15 Bear	HOUSE 16 Stars
HOUSE 17 Stork	HOUSE 18 Dog	HOUSE 19 Tower	HOUSE 20 Garden	HOUSE 21 Mountain	HOUSE 22 Crossroads	HOUSE 23 Mice	HOUSE 24 Heart
HOUSE 25 Ring	HOUSE 26 Book	HOUSE 27 Letter	HOUSE 28 Man	HOUSE 29 Woman	HOUSE 30 Lilies	HOUSE 31 Sun	HOUSE 32 Moon
				HOUSE 34 Fish	HOUSE 35 Anchor	HOUSE 36 Cross	

LOVE, PARTNERSHIPS (HEART):

WEALTH, POSSESSIONS (FISH):

CAREER, EDUCATION (ANCHOR):

CORNERS (MAIN THEME):

CENTRAL CARDS (FOUR IN MIDDLE):

FATE LINE (BOTTOM ROW):

ADDITIONAL SPACE FOR NOTES. USE WITH CONJUNCT JOURNAL.

Lenormand Grand Tableau — House Layout

HOUSE 8 — Coffin	HOUSE 16 — Stars	HOUSE 24 — Heart	HOUSE 32 — Moon	
HOUSE 7 — Snake	HOUSE 15 — Bear	HOUSE 23 — Mice	HOUSE 31 — Sun	
HOUSE 6 — Clouds	HOUSE 14 — Fox	HOUSE 22 — Choice	HOUSE 30 — Lilies	HOUSE 36 — Cross
HOUSE 5 — Tree	HOUSE 13 — Child	HOUSE 21 — Mountain	HOUSE 29 — Woman	HOUSE 35 — Anchor
HOUSE 4 — House	HOUSE 12 — Birds	HOUSE 20 — Garden	HOUSE 28 — Man	HOUSE 34 — Fish
HOUSE 3 — Ship	HOUSE 11 — Whip	HOUSE 19 — Tower	HOUSE 27 — Letter	HOUSE 33 — Key
HOUSE 2 — Clover	HOUSE 10 — Scythe	HOUSE 18 — Dog	HOUSE 26 — Book	
HOUSE 1 — Rider	HOUSE 9 — Bouquet	HOUSE 17 — Stork	HOUSE 25 — Ring	

DATE:

THE QUERENT:

THE QUESTION:

OUTCOME:

RECORD EACH CARD IN THE HOUSE IN WHICH IT LANDS. ADD NOTES ABOUT COMBINATIONS.

Grand Tableau Layout

HOUSE 1 Rider	HOUSE 2 Clover	HOUSE 3 Ship	HOUSE 4 House	HOUSE 5 Tree	HOUSE 6 Clouds	HOUSE 7 Snake	HOUSE 8 Coffin
HOUSE 9 Bouquet	HOUSE 10 Scythe	HOUSE 11 Whip	HOUSE 12 Birds	HOUSE 13 Child	HOUSE 14 Fox	HOUSE 15 Bear	HOUSE 16 Stars
HOUSE 17 Stork	HOUSE 18 Dog	HOUSE 19 Tower	HOUSE 20 Garden	HOUSE 21 Mountain	HOUSE 22 Choice	HOUSE 23 Mice	HOUSE 24 Heart
HOUSE 25 Ring	HOUSE 26 Book	HOUSE 27 Letter	HOUSE 28 Man	HOUSE 29 Woman	HOUSE 30 Lilies	HOUSE 31 Sun	HOUSE 32 Moon
				HOUSE 33 Key	HOUSE 34 Fish	HOUSE 35 Anchor	HOUSE 36 Cross

LOVE, PARTNERSHIPS (HEART):

WEALTH, POSSESSIONS (FISH):

CAREER, EDUCATION (ANCHOR):

CORNERS (MAIN THEME):

CENTRAL CARDS (FOUR IN MIDDLE):

FATE LINE (BOTTOM ROW):

ADDITIONAL SPACE FOR NOTES. USE WITH CONJUNCT JOURNAL.

Lenormand Grand Tableau – House Layout

HOUSE 8 Coffin	HOUSE 16 Stars	HOUSE 24 Heart	HOUSE 32 Moon
HOUSE 7 Snake	HOUSE 15 Bear	HOUSE 23 Mice	HOUSE 31 Sun
HOUSE 6 Clouds	HOUSE 14 Fox	HOUSE 22 Choice	HOUSE 30 Lilies	HOUSE 36 Cross
HOUSE 5 Tree	HOUSE 13 Child	HOUSE 21 Mountain	HOUSE 29 Woman	HOUSE 35 Anchor
HOUSE 4 House	HOUSE 12 Birds	HOUSE 20 Garden	HOUSE 28 Man	HOUSE 34 Fish
HOUSE 3 Ship	HOUSE 11 Whip	HOUSE 19 Tower	HOUSE 27 Letter	HOUSE 33 Key
HOUSE 2 Clover	HOUSE 10 Scythe	HOUSE 18 Dog	HOUSE 26 Book	
HOUSE 1 Rider	HOUSE 9 Bouquet	HOUSE 17 Stork	HOUSE 25 Ring	

DATE:

THE QUERENT:

THE QUESTION:

OUTCOME:

RECORD EACH CARD IN THE HOUSE IN WHICH IT LANDS. ADD NOTES ABOUT COMBINATIONS.

HOUSE 8 Coffin	HOUSE 14 Stars	HOUSE 24 Heart	HOUSE 32 Moon	CORNERS (MAIN THEME):
HOUSE 7 Snake	HOUSE 13 Bear	HOUSE 23 Mice	HOUSE 31 Sun	CENTRAL CARDS (FOUR IN MIDDLE):
HOUSE 6 Clouds	HOUSE 14 Fox	HOUSE 22 Choice	HOUSE 30 Lilies	FATE LINE (BOTTOM ROW):
HOUSE 5 Tree	HOUSE 13 Child	HOUSE 21 Mountain	HOUSE 29 Woman	HOUSE 35 Anchor
HOUSE 4 House	HOUSE 18 Birds	HOUSE 20 Garden	HOUSE 28 Man	HOUSE 34 Fish
HOUSE 3 Ship	HOUSE 11 Whip	HOUSE 19 Tower	HOUSE 27 Letter	HOUSE 33 Key
HOUSE 2 Clover	HOUSE 15 Sophie	HOUSE 18 Dog	HOUSE 26 Book	LOVE, PARTNERSHIPS (HEART):
HOUSE 1 Rider	HOUSE 9 Bouquet	HOUSE 17 Stork	HOUSE 25 Ring	WEALTH, POSSESSIONS (FISH): CAREER, EDUCATION (ANCHOR):

ADDITIONAL SPACE FOR NOTES. USE WITH CONJUNCT JOURNAL.

RECORD EACH CARD IN THE HOUSE IN WHICH IT LANDS. ADD NOTES ABOUT COMBINATIONS.

HOUSE 1 Rider	HOUSE 2 Clover	HOUSE 3 Ship	HOUSE 4 House	HOUSE 5 Tree	HOUSE 6 Clouds	HOUSE 7 Snake	HOUSE 8 Coffin
HOUSE 9 Bouquet	HOUSE 10 Scythe	HOUSE 11 Whip	HOUSE 12 Birds	HOUSE 13 Child	HOUSE 14 Fox	HOUSE 15 Bear	HOUSE 16 Stars
HOUSE 17 Stork	HOUSE 18 Dog	HOUSE 19 Tower	HOUSE 20 Garden	HOUSE 21 Mountain	HOUSE 22 Choice	HOUSE 23 Mice	HOUSE 24 Heart
HOUSE 25 Ring	HOUSE 26 Book	HOUSE 27 Letter	HOUSE 28 Man	HOUSE 29 Woman	HOUSE 30 Lilies	HOUSE 31 Sun	HOUSE 32 Moon
		HOUSE 33 Key	HOUSE 34 Fish	HOUSE 35 Anchor	HOUSE 36 Cross		

DATE:

THE QUERENT:

THE QUESTION:

OUTCOME:

CORNERS (MAIN THEME):

CENTRAL CARDS (FOUR IN MIDDLE):

FATE LINE (BOTTOM ROW):

LOVE, PARTNERSHIPS (HEART):

WEALTH, POSSESSIONS (FISH):

CAREER, EDUCATION (ANCHOR):

ADDITIONAL SPACE FOR NOTES. USE WITH CONJUNCT JOURNAL.

Lenormand Houses Board

HOUSE 1 Rider	HOUSE 2 Clover	HOUSE 3 Ship	HOUSE 4 House	HOUSE 5 Tree	HOUSE 6 Clouds	HOUSE 7 Snake	HOUSE 8 Coffin
HOUSE 9 Bouquet	HOUSE 10 Scythe	HOUSE 11 Whip	HOUSE 12 Birds	HOUSE 13 Child	HOUSE 14 Fox	HOUSE 15 Bear	HOUSE 16 Stars
HOUSE 17 Stork	HOUSE 18 Dog	HOUSE 19 Tower	HOUSE 20 Garden	HOUSE 21 Mountain	HOUSE 22 Choice	HOUSE 23 Mice	HOUSE 24 Heart
HOUSE 25 Ring	HOUSE 26 Book	HOUSE 27 Letter	HOUSE 28 Man	HOUSE 29 Woman	HOUSE 30 Lilies	HOUSE 31 Sun	HOUSE 32 Moon
		HOUSE 33 Key	HOUSE 34 Fish	HOUSE 35 Anchor	HOUSE 36 Cross		

DATE:

THE QUERENT:

THE QUESTION:

OUTCOME:

RECORD EACH CARD IN THE HOUSE IN WHICH IT LANDS. ADD NOTES ABOUT COMBINATIONS.

ADDITIONAL SPACE FOR NOTES. USE WITH CONJUNCT JOURNAL.

CORNERS (MAIN THEME):

CENTRAL CARDS (FOUR IN MIDDLE):

FATE LINE (BOTTOM ROW):

LOVE, PARTNERSHIPS (HEART):

WEALTH, POSSESSIONS (FISH):

CAREER, EDUCATION (ANCHOR):

Lenormand Houses Board

House 8 — Coffin	House 16 — Stars	House 24 — Heart	House 32 — Moon
House 7 — Snake	House 15 — Bear	House 23 — Mice	House 31 — Sun
House 6 — Clouds	House 14 — Fox	House 22 — Choice	House 30 — Lilies	House 36 — Cross
House 5 — Tree	House 13 — Child	House 21 — Mountain	House 29 — Woman	House 35 — Anchor
House 4 — House	House 12 — Birds	House 20 — Garden	House 28 — Man	House 34 — Fish
House 3 — Ship	House 11 — Whip	House 19 — Tower	House 27 — Letter	House 33 — Key
House 2 — Clover	House 10 — Scythe	House 18 — Dog	House 26 — Book
House 1 — Rider	House 9 — Bouquet	House 17 — Stork	House 25 — Ring

DATE:

THE QUERENT:

THE QUESTION:

OUTCOME:

RECORD EACH CARD IN THE HOUSE IN WHICH IT LANDS. ADD NOTES ABOUT COMBINATIONS.

CORNERS (MAIN THEME):

CENTRAL CARDS (FOUR IN MIDDLE):

FATE LINE (BOTTOM ROW):

LOVE, PARTNERSHIPS (HEART):

WEALTH, POSSESSIONS (FISH):

CAREER, EDUCATION (ANCHOR):

ADDITIONAL SPACE FOR NOTES. USE WITH CONJUNCT JOURNAL.

Lenormand Houses Board

HOUSE 1 Rider	HOUSE 2 Clover	HOUSE 3 Ship	HOUSE 4 House	HOUSE 5 Tree	HOUSE 6 Clouds	HOUSE 7 Snake	HOUSE 8 Coffin
HOUSE 9 Bouquet	HOUSE 10 Scythe	HOUSE 11 Whip	HOUSE 12 Birds	HOUSE 13 Child	HOUSE 14 Fox	HOUSE 15 Bear	HOUSE 16 Stars
HOUSE 17 Stork	HOUSE 18 Dog	HOUSE 19 Tower	HOUSE 20 Garden	HOUSE 21 Mountain	HOUSE 22 Choice	HOUSE 23 Mice	HOUSE 24 Heart
HOUSE 25 Ring	HOUSE 26 Book	HOUSE 27 Letter	HOUSE 28 Man	HOUSE 29 Woman	HOUSE 30 Lilies	HOUSE 31 Sun	HOUSE 32 Moon
		HOUSE 33 Key	HOUSE 34 Fish	HOUSE 35 Anchor	HOUSE 36 Cross		

DATE:

THE QUERENT:

THE QUESTION:

OUTCOME:

RECORD EACH CARD IN THE HOUSE IN WHICH IT LANDS. ADD NOTES ABOUT COMBINATIONS.

HOUSE 1 Rider	HOUSE 2 Clover	HOUSE 3 Ship	HOUSE 4 House	HOUSE 5 Tree	HOUSE 6 Clouds	HOUSE 7 Snake	HOUSE 8 Coffin
HOUSE 9 Bouquet	HOUSE 10 Scythe	HOUSE 11 Whip	HOUSE 12 Birds	HOUSE 13 Child	HOUSE 14 Fox	HOUSE 15 Bear	HOUSE 16 Stars
HOUSE 17 Stork	HOUSE 18 Dog	HOUSE 19 Tower	HOUSE 20 Garden	HOUSE 21 Mountain	HOUSE 22 Choice	HOUSE 23 Mice	HOUSE 24 Heart
HOUSE 25 Ring	HOUSE 26 Book	HOUSE 27 Letter	HOUSE 28 Man	HOUSE 29 Woman	HOUSE 30 Lilies	HOUSE 31 Sun	HOUSE 32 Moon
				HOUSE 34 Fish	HOUSE 35 Anchor	HOUSE 33 Key	HOUSE 36 Cross

CORNERS (MAIN THEME):

CENTRAL CARDS (FOUR IN MIDDLE):

FATE LINE (BOTTOM ROW):

LOVE, PARTNERSHIPS (HEART):

WEALTH, POSSESSIONS (FISH):

CAREER, EDUCATION (ANCHOR):

ADDITIONAL SPACE FOR NOTES. USE WITH CONJUNCT JOURNAL.

RECORD EACH CARD IN THE HOUSE IN WHICH IT LANDS. ADD NOTES ABOUT COMBINATIONS.

HOUSE 1 Rider	HOUSE 2 Clover	HOUSE 3 Ship	HOUSE 4 House	HOUSE 5 Tree	HOUSE 6 Clouds	HOUSE 7 Snake	HOUSE 8 Coffin
HOUSE 9 Bouquet	HOUSE 10 Scythe	HOUSE 11 Whip	HOUSE 12 Birds	HOUSE 13 Child	HOUSE 14 Fox	HOUSE 15 Bear	HOUSE 16 Stars
HOUSE 17 Stork	HOUSE 18 Dog	HOUSE 19 Tower	HOUSE 20 Garden	HOUSE 21 Mountain	HOUSE 22 Choice	HOUSE 23 Mice	HOUSE 24 Heart
HOUSE 25 Ring	HOUSE 26 Book	HOUSE 27 Letter	HOUSE 28 Man	HOUSE 29 Woman	HOUSE 30 Lilies	HOUSE 31 Sun	HOUSE 32 Moon
	HOUSE 33 Key	HOUSE 34 Fish	HOUSE 35 Anchor	HOUSE 36 Cross			

DATE:

THE QUERENT:

THE QUESTION:

OUTCOME:

HOUSE 8 Coffin	HOUSE 16 Stars	HOUSE 24 Heart	HOUSE 32 Moon	CORNERS (MAIN THEME):
HOUSE 7 Snake	HOUSE 15 Bear	HOUSE 23 Mice	HOUSE 31 Sun	CENTRAL CARDS (FOUR IN MIDDLE):
HOUSE 6 Clouds	HOUSE 14 Fox	HOUSE 22 Choice	HOUSE 30 Lilies	FATE LINE (BOTTOM ROW):
HOUSE 5 Tree	HOUSE 13 Child	HOUSE 21 Mountain	HOUSE 29 Woman	HOUSE 39 Cross
HOUSE 4 House	HOUSE 22 Birds	HOUSE 20 Garden	HOUSE 28 Man	HOUSE 35 Anchor
HOUSE 3 Ship	HOUSE 11 Whip	HOUSE 19 Tower	HOUSE 27 Letter	HOUSE 34 Fish
HOUSE 2 Clover	HOUSE 10 Scythe	HOUSE 18 Dog	HOUSE 26 Book	HOUSE 33 Key
HOUSE 1 Rider	HOUSE 9 Bouquet	HOUSE 17 Stork	HOUSE 25 Ring	LOVE, PARTNERSHIPS (HEART):

WEALTH, POSSESSIONS (FISH):

CAREER, EDUCATION (ANCHOR):

ADDITIONAL SPACE FOR NOTES. USE WITH CONJUNCT JOURNAL.

Grand Tableau — House Layout

HOUSE 8 Coffin	HOUSE 16 Stars	HOUSE 24 Heart	HOUSE 32 Moon	
HOUSE 7 Snake	HOUSE 15 Bear	HOUSE 23 Mice	HOUSE 31 Sun	
HOUSE 6 Clouds	HOUSE 14 Fox	HOUSE 22 Choice	HOUSE 30 Lilies	HOUSE 36 Cross
HOUSE 5 Tree	HOUSE 13 Child	HOUSE 21 Mountain	HOUSE 29 Woman	HOUSE 35 Anchor
HOUSE 4 House	HOUSE 12 Birds	HOUSE 20 Garden	HOUSE 28 Man	HOUSE 34 Fish
HOUSE 3 Ship	HOUSE 11 Whip	HOUSE 19 Tower	HOUSE 27 Letter	HOUSE 33 Key
HOUSE 2 Clover	HOUSE 10 Scythe	HOUSE 18 Dog	HOUSE 26 Book	
HOUSE 1 Rider	HOUSE 9 Bouquet	HOUSE 17 Stork	HOUSE 25 Ring	

DATE:

THE QUERENT:

THE QUESTION:

OUTCOME:

RECORD EACH CARD IN THE HOUSE IN WHICH IT LANDS. ADD NOTES ABOUT COMBINATIONS.

Grand Tableau Layout

HOUSE 1 Rider	HOUSE 2 Clover	HOUSE 3 Ship	HOUSE 4 House	HOUSE 5 Tree	HOUSE 6 Clouds	HOUSE 7 Snake	HOUSE 8 Coffin
HOUSE 9 Bouquet	HOUSE 10 Scythe	HOUSE 11 Whip	HOUSE 12 Birds	HOUSE 13 Child	HOUSE 14 Fox	HOUSE 15 Bear	HOUSE 16 Stars
HOUSE 17 Stork	HOUSE 18 Dog	HOUSE 19 Tower	HOUSE 20 Garden	HOUSE 21 Mountain	HOUSE 22 Crossroads	HOUSE 23 Mice	HOUSE 24 Heart
HOUSE 25 Ring	HOUSE 26 Book	HOUSE 27 Letter	HOUSE 28 Man	HOUSE 29 Woman	HOUSE 30 Lilies	HOUSE 31 Sun	HOUSE 32 Moon
HOUSE 33 Key	HOUSE 34 Fish	HOUSE 35 Anchor	HOUSE 36 Cross				

CORNERS (MAIN THEME):

CENTRAL CARDS (FOUR IN MIDDLE):

FATE LINE (BOTTOM ROW):

LOVE, PARTNERSHIPS (HEART):

WEALTH, POSSESSIONS (FISH):

CAREER, EDUCATION (ANCHOR):

ADDITIONAL SPACE FOR NOTES. USE WITH CONJUNCT JOURNAL.

RECORD EACH CARD IN THE HOUSE IN WHICH IT LANDS. ADD NOTES ABOUT COMBINATIONS.

HOUSE 1 Rider	HOUSE 9 Bouquet	HOUSE 17 Stork	HOUSE 25 Ring	
HOUSE 2 Clover	HOUSE 10 Scythe	HOUSE 18 Dog	HOUSE 26 Book	
HOUSE 3 Ship	HOUSE 11 Whip	HOUSE 19 Tower	HOUSE 27 Letter	HOUSE 33 Key
HOUSE 4 House	HOUSE 12 Birds	HOUSE 20 Garden	HOUSE 28 Man	HOUSE 34 Fish
HOUSE 5 Tree	HOUSE 13 Child	HOUSE 21 Mountain	HOUSE 29 Woman	HOUSE 35 Anchor
HOUSE 6 Clouds	HOUSE 14 Fox	HOUSE 22 Choice	HOUSE 30 Lilies	HOUSE 36 Cross
HOUSE 7 Snake	HOUSE 15 Bear	HOUSE 23 Mice	HOUSE 31 Sun	
HOUSE 8 Coffin	HOUSE 16 Stars	HOUSE 24 Heart	HOUSE 32 Moon	

DATE:

THE QUERENT:

THE QUESTION:

OUTCOME:

HOUSE 1 Rider	HOUSE 2 Clover	HOUSE 3 Ship	HOUSE 4 House	HOUSE 5 Tree	HOUSE 6 Clouds	HOUSE 7 Snake	HOUSE 8 Coffin
HOUSE 9 Bouquet	HOUSE 10 Scythe	HOUSE 11 Whip	HOUSE 12 Birds	HOUSE 13 Child	HOUSE 14 Fox	HOUSE 15 Bear	HOUSE 16 Stars
HOUSE 17 Stork	HOUSE 18 Dog	HOUSE 19 Tower	HOUSE 20 Garden	HOUSE 21 Mountain	HOUSE 22 Choice	HOUSE 23 Mice	HOUSE 24 Heart
HOUSE 25 Ring	HOUSE 26 Book	HOUSE 27 Letter	HOUSE 28 Man	HOUSE 29 Woman	HOUSE 30 Lilies	HOUSE 31 Sun	HOUSE 32 Moon
		HOUSE 33 Key	HOUSE 34 Fish	HOUSE 35 Anchor	HOUSE 36 Cross		

LOVE, PARTNERSHIPS (HEART):

WEALTH, POSSESSIONS (FISH):

CAREER, EDUCATION (ANCHOR):

CORNERS (MAIN THEME):

CENTRAL CARDS (FOUR IN MIDDLE):

FATE LINE (BOTTOM ROW):

ADDITIONAL SPACE FOR NOTES. USE WITH CONJUNCT JOURNAL.

RECORD EACH CARD IN THE HOUSE IN WHICH IT LANDS. ADD NOTES ABOUT COMBINATIONS.

HOUSE 1 Rider	HOUSE 2 Clover	HOUSE 3 Ship	HOUSE 4 House	HOUSE 5 Tree	HOUSE 6 Clouds	HOUSE 7 Snake	HOUSE 8 Coffin
HOUSE 9 Bouquet	HOUSE 10 Scythe	HOUSE 11 Whip	HOUSE 12 Birds	HOUSE 13 Child	HOUSE 14 Fox	HOUSE 15 Bear	HOUSE 16 Stars
HOUSE 17 Stork	HOUSE 18 Dog	HOUSE 19 Tower	HOUSE 20 Garden	HOUSE 21 Mountain	HOUSE 22 Choice	HOUSE 23 Mice	HOUSE 24 Heart
HOUSE 25 Ring	HOUSE 26 Book	HOUSE 27 Letter	HOUSE 28 Man	HOUSE 29 Woman	HOUSE 30 Lilies	HOUSE 31 Sun	HOUSE 32 Moon
		HOUSE 33 Key	HOUSE 34 Fish	HOUSE 35 Anchor	HOUSE 36 Cross		

DATE:

THE QUERENT:

THE QUESTION:

OUTCOME:

CORNERS (MAIN THEME):

CENTRAL CARDS (FOUR IN MIDDLE):

FATE LINE (BOTTOM ROW):

LOVE, PARTNERSHIPS (HEART):

WEALTH, POSSESSIONS (FISH):

CAREER, EDUCATION (ANCHOR):

ADDITIONAL SPACE FOR NOTES. USE WITH CONJUNCT JOURNAL.

HOUSE 8 Coffin	HOUSE 16 Stars	HOUSE 24 Heart	HOUSE 32 Moon	
HOUSE 7 Snake	HOUSE 15 Bear	HOUSE 23 Mice	HOUSE 31 Sun	
HOUSE 6 Clouds	HOUSE 14 Fox	HOUSE 22 Choice	HOUSE 30 Lilies	HOUSE 36 Cross
HOUSE 5 Tree	HOUSE 13 Child	HOUSE 21 Mountain	HOUSE 29 Woman	HOUSE 35 Anchor
HOUSE 4 House	HOUSE 12 Birds	HOUSE 20 Garden	HOUSE 28 Man	HOUSE 34 Fish
HOUSE 3 Ship	HOUSE 11 Whip	HOUSE 19 Tower	HOUSE 27 Letter	HOUSE 33 Key
HOUSE 2 Clover	HOUSE 10 Scythe	HOUSE 18 Dog	HOUSE 26 Book	
HOUSE 1 Rider	HOUSE 9 Bouquet	HOUSE 17 Stork	HOUSE 25 Ring	

DATE:
THE QUERENT:
THE QUESTION:
OUTCOME:

RECORD EACH CARD IN THE HOUSE IN WHICH IT LANDS. ADD NOTES ABOUT COMBINATIONS.

Grand Tableau Journal Page

House 1 Rider	House 2 Clover	House 3 Ship	House 4 House	House 5 Tree	House 6 Clouds	House 7 Snake	House 8 Coffin
House 9 Bouquet	House 10 Scythe	House 11 Whip	House 12 Birds	House 13 Child	House 14 Fox	House 15 Bear	House 16 Stars
House 17 Stork	House 18 Dog	House 19 Tower	House 20 Garden	House 21 Mountain	House 22 Crossroads	House 23 Mice	House 24 Heart
House 25 Ring	House 26 Book	House 27 Letter	House 28 Man	House 29 Woman	House 30 Lilies	House 31 Sun	House 32 Moon
		House 33 Key	House 34 Fish	House 35 Anchor	House 36 Cross		

Corners (main theme):

Central cards (four in middle):

Fate line (bottom row):

Love, partnerships (Heart):

Wealth, possessions (Fish):

Career, education (Anchor):

Additional space for notes. Use with Conjunct Journal.

RECORD EACH CARD IN THE HOUSE IN WHICH IT LANDS. ADD NOTES ABOUT COMBINATIONS.

House 1 Rider	House 2 Clover	House 3 Ship	House 4 House	House 5 Tree	House 6 Clouds	House 7 Snake	House 8 Coffin
House 9 Bouquet	House 10 Scythe	House 11 Whip	House 12 Birds	House 13 Child	House 14 Fox	House 15 Bear	House 16 Stars
House 17 Stork	House 18 Dog	House 19 Tower	House 20 Garden	House 21 Mountain	House 22 Choice	House 23 Mice	House 24 Heart
House 25 Ring	House 26 Book	House 27 Letter	House 28 Man	House 29 Woman	House 30 Lilies	House 31 Sun	House 32 Moon
		House 33 Key	House 34 Fish	House 35 Anchor	House 36 Cross		

DATE:

THE QUERENT:

THE QUESTION:

OUTCOME:

HOUSE 1 Rider	HOUSE 2 Clover	HOUSE 3 Ship	HOUSE 4 House	HOUSE 5 Tree	HOUSE 6 Clouds	HOUSE 7 Snake	HOUSE 8 Coffin
HOUSE 9 Bouquet	HOUSE 10 Scythe	HOUSE 11 Whip	HOUSE 12 Birds	HOUSE 13 Child	HOUSE 14 Fox	HOUSE 15 Bear	HOUSE 16 Stars
HOUSE 17 Stork	HOUSE 18 Dog	HOUSE 19 Tower	HOUSE 20 Garden	HOUSE 21 Mountain	HOUSE 22 Choice	HOUSE 23 Mice	HOUSE 24 Heart
HOUSE 25 Ring	HOUSE 26 Book	HOUSE 27 Letter	HOUSE 28 Man	HOUSE 29 Woman	HOUSE 30 Lilies	HOUSE 31 Sun	HOUSE 32 Moon
		HOUSE 33 Key	HOUSE 34 Fish	HOUSE 35 Anchor	HOUSE 36 Cross		

LOVE, PARTNERSHIPS (HEART):

WEALTH, POSSESSIONS (FISH):

CAREER, EDUCATION (ANCHOR):

CORNERS (MAIN THEME):

CENTRAL CARDS (FOUR IN MIDDLE):

FATE LINE (BOTTOM ROW):

ADDITIONAL SPACE FOR NOTES. USE WITH CONJUNCT JOURNAL.

Grand Tableau Board

HOUSE 1 Rider	HOUSE 2 Clover	HOUSE 3 Ship	HOUSE 4 House	HOUSE 5 Tree	HOUSE 6 Clouds	HOUSE 7 Snake	HOUSE 8 Coffin
HOUSE 9 Bouquet	HOUSE 10 Scythe	HOUSE 11 Whip	HOUSE 12 Birds	HOUSE 13 Child	HOUSE 14 Fox	HOUSE 15 Bear	HOUSE 16 Stars
HOUSE 17 Stork	HOUSE 18 Dog	HOUSE 19 Tower	HOUSE 20 Garden	HOUSE 21 Mountain	HOUSE 22 Choice	HOUSE 23 Mice	HOUSE 24 Heart
HOUSE 25 Ring	HOUSE 26 Book	HOUSE 27 Letter	HOUSE 28 Man	HOUSE 29 Woman	HOUSE 30 Lilies	HOUSE 31 Sun	HOUSE 32 Moon
		HOUSE 33 Key	HOUSE 34 Fish	HOUSE 35 Anchor	HOUSE 36 Cross		

DATE:

THE QUERENT:

THE QUESTION:

OUTCOME:

RECORD EACH CARD IN THE HOUSE IN WHICH IT LANDS. ADD NOTES ABOUT COMBINATIONS.

HOUSE 8 Coffin	HOUSE 16 Stars	HOUSE 24 Heart	HOUSE 32 Moon	**CORNERS (MAIN THEME):**
HOUSE 7 Snake	HOUSE 15 Bear	HOUSE 23 Mice	HOUSE 31 Sun	**CENTRAL CARDS (FOUR IN MIDDLE):**
HOUSE 6 Clouds	HOUSE 14 Fox	HOUSE 22 Choice	HOUSE 30 Lilies	**FATE LINE (BOTTOM ROW):**
HOUSE 5 Tree	HOUSE 13 Child	HOUSE 21 Mountain	HOUSE 29 Woman	HOUSE 36 Cross
HOUSE 4 House	HOUSE 12 Birds	HOUSE 20 Garden	HOUSE 28 Man	HOUSE 35 Anchor
HOUSE 3 Ship	HOUSE 11 Whip	HOUSE 19 Tower	HOUSE 27 Letter	HOUSE 34 Fish
HOUSE 2 Clover	HOUSE 10 Scythe	HOUSE 18 Dog	HOUSE 26 Book	HOUSE 33 Key
HOUSE 1 Rider	HOUSE 9 Bouquet	HOUSE 17 Stork	HOUSE 25 Ring	**LOVE, PARTNERSHIPS (HEART):** **WEALTH, POSSESSIONS (FISH):** **CAREER, EDUCATION (ANCHOR):**

ADDITIONAL SPACE FOR NOTES. USE WITH CONJUNCT JOURNAL.

The Houses Board

HOUSE 8 Coffin	HOUSE 16 Stars	HOUSE 24 Heart	HOUSE 32 Moon	
HOUSE 7 Snake	HOUSE 15 Bear	HOUSE 23 Mice	HOUSE 31 Sun	
HOUSE 6 Clouds	HOUSE 14 Fox	HOUSE 22 Choice	HOUSE 30 Lilies	HOUSE 36 Cross
HOUSE 5 Tree	HOUSE 13 Child	HOUSE 21 Mountain	HOUSE 29 Woman	HOUSE 35 Anchor
HOUSE 4 House	HOUSE 12 Birds	HOUSE 20 Garden	HOUSE 28 Man	HOUSE 34 Fish
HOUSE 3 Ship	HOUSE 11 Whip	HOUSE 19 Tower	HOUSE 27 Letter	HOUSE 33 Key
HOUSE 2 Clover	HOUSE 10 Scythe	HOUSE 18 Dog	HOUSE 26 Book	
HOUSE 1 Rider	HOUSE 9 Bouquet	HOUSE 17 Stork	HOUSE 25 Ring	

DATE:

THE QUERENT:

THE QUESTION:

OUTCOME:

RECORD EACH CARD IN THE HOUSE IN WHICH IT LANDS. ADD NOTES ABOUT COMBINATIONS.

HOUSE 1 Rider	HOUSE 2 Clover	HOUSE 3 Ship	HOUSE 4 House	HOUSE 5 Tree	HOUSE 6 Clouds	HOUSE 7 Snake	HOUSE 8 Coffin
HOUSE 9 Bouquet	HOUSE 10 Scythe	HOUSE 11 Whip	HOUSE 12 Birds	HOUSE 13 Child	HOUSE 14 Fox	HOUSE 15 Bear	HOUSE 16 Stars
HOUSE 17 Stork	HOUSE 18 Dog	HOUSE 19 Tower	HOUSE 20 Garden	HOUSE 21 Mountain	HOUSE 22 Crossroads	HOUSE 23 Mice	HOUSE 24 Heart
HOUSE 25 Ring	HOUSE 26 Book	HOUSE 27 Letter	HOUSE 28 Man	HOUSE 29 Woman	HOUSE 30 Lilies	HOUSE 31 Sun	HOUSE 32 Moon
				HOUSE 33 Key	HOUSE 34 Fish	HOUSE 35 Anchor	HOUSE 36 Cross

CORNERS (MAIN THEME):

CENTRAL CARDS (FOUR IN MIDDLE):

FATE LINE (BOTTOM ROW):

LOVE, PARTNERSHIPS (HEART):

WEALTH, POSSESSIONS (FISH):

CAREER, EDUCATION (ANCHOR):

ADDITIONAL SPACE FOR NOTES. USE WITH CONJUNCT JOURNAL.

RECORD EACH CARD IN THE HOUSE IN WHICH IT LANDS. ADD NOTES ABOUT COMBINATIONS.

House 1 Rider	House 2 Clover	House 3 Ship	House 4 House	House 5 Tree	House 6 Clouds	House 7 Snake	House 8 Coffin
House 9 Bouquet	House 10 Scythe	House 11 Whip	House 12 Birds	House 13 Child	House 14 Fox	House 15 Bear	House 16 Stars
House 17 Stork	House 18 Dog	House 19 Tower	House 20 Garden	House 21 Mountain	House 22 Choice	House 23 Mice	House 24 Heart
House 25 Ring	House 26 Book	House 27 Letter	House 28 Man	House 29 Woman	House 30 Lilies	House 31 Sun	House 32 Moon
		House 33 Key	House 34 Fish	House 35 Anchor	House 36 Cross		

DATE:

THE QUERENT:

THE QUESTION:

OUTCOME:

Grand Tableau Layout

HOUSE 1 Rider	HOUSE 2 Clover	HOUSE 3 Ship	HOUSE 4 House	HOUSE 5 Tree	HOUSE 6 Clouds	HOUSE 7 Snake	HOUSE 8 Coffin
HOUSE 9 Bouquet	HOUSE 10 Scythe	HOUSE 11 Whip	HOUSE 12 Birds	HOUSE 13 Child	HOUSE 14 Fox	HOUSE 15 Bear	HOUSE 16 Stars
HOUSE 17 Stork	HOUSE 18 Dog	HOUSE 19 Tower	HOUSE 20 Garden	HOUSE 21 Mountain	HOUSE 22 Choice	HOUSE 23 Mice	HOUSE 24 Heart
HOUSE 25 Ring	HOUSE 26 Book	HOUSE 27 Letter	HOUSE 28 Man	HOUSE 29 Woman	HOUSE 30 Lilies	HOUSE 31 Sun	HOUSE 32 Moon
				HOUSE 34 Fish	HOUSE 35 Anchor	HOUSE 33 Key	HOUSE 36 Cross

CORNERS (MAIN THEME):

CENTRAL CARDS (FOUR IN MIDDLE):

FATE LINE (BOTTOM ROW):

LOVE, PARTNERSHIPS (HEART):

WEALTH, POSSESSIONS (FISH):

CAREER, EDUCATION (ANCHOR):

ADDITIONAL SPACE FOR NOTES. USE WITH CONJUNCT JOURNAL.

RECORD EACH CARD IN THE HOUSE IN WHICH IT LANDS. ADD NOTES ABOUT COMBINATIONS.

HOUSE 1 Rider	HOUSE 2 Clover	HOUSE 3 Ship	HOUSE 4 House	HOUSE 5 Tree	HOUSE 6 Clouds	HOUSE 7 Snake	HOUSE 8 Coffin
HOUSE 9 Bouquet	HOUSE 10 Scythe	HOUSE 11 Whip	HOUSE 12 Birds	HOUSE 13 Child	HOUSE 14 Fox	HOUSE 15 Bear	HOUSE 16 Stars
HOUSE 17 Stork	HOUSE 18 Dog	HOUSE 19 Tower	HOUSE 20 Garden	HOUSE 21 Mountain	HOUSE 22 Choice	HOUSE 23 Mice	HOUSE 24 Heart
HOUSE 25 Ring	HOUSE 26 Book	HOUSE 27 Letter	HOUSE 28 Man	HOUSE 29 Woman	HOUSE 30 Lilies	HOUSE 31 Sun	HOUSE 32 Moon
HOUSE 33 Key	HOUSE 34 Fish	HOUSE 35 Anchor	HOUSE 36 Cross				

DATE:

THE QUERENT:

THE QUESTION:

OUTCOME:

HOUSE 1 Rider	HOUSE 2 Clover	HOUSE 3 Ship	HOUSE 4 House	HOUSE 5 Tree	HOUSE 6 Clouds	HOUSE 7 Snake	HOUSE 8 Coffin
HOUSE 9 Bouquet	HOUSE 10 Scythe	HOUSE 11 Whip	HOUSE 12 Birds	HOUSE 13 Child	HOUSE 14 Fox	HOUSE 15 Bear	HOUSE 16 Stars
HOUSE 17 Stork	HOUSE 18 Dog	HOUSE 19 Tower	HOUSE 20 Garden	HOUSE 21 Mountain	HOUSE 22 Crossroads (Choice)	HOUSE 23 Mice	HOUSE 24 Heart
HOUSE 25 Ring	HOUSE 26 Book	HOUSE 27 Letter	HOUSE 28 Man	HOUSE 29 Woman	HOUSE 30 Lilies	HOUSE 31 Sun	HOUSE 32 Moon
		HOUSE 33 Key	HOUSE 34 Fish	HOUSE 35 Anchor	HOUSE 36 Cross		

Love, Partnerships (Heart):

Wealth, Possessions (Fish):

Career, Education (Anchor):

Corners (Main Theme):

Central Cards (Four in Middle):

Fate Line (Bottom Row):

ADDITIONAL SPACE FOR NOTES. USE WITH CONJUNCT JOURNAL.

Lenormand Houses Board

HOUSE 8 Coffin	HOUSE 16 Stars	HOUSE 24 Heart	HOUSE 32 Moon
HOUSE 7 Snake	HOUSE 15 Bear	HOUSE 23 Mice	HOUSE 31 Sun
HOUSE 6 Clouds	HOUSE 14 Fox	HOUSE 22 Choice	HOUSE 30 Lilies	HOUSE 36 Cross
HOUSE 5 Tree	HOUSE 13 Child	HOUSE 21 Mountain	HOUSE 29 Woman	HOUSE 35 Anchor
HOUSE 4 House	HOUSE 12 Birds	HOUSE 20 Garden	HOUSE 28 Man	HOUSE 34 Fish
HOUSE 3 Ship	HOUSE 11 Whip	HOUSE 19 Tower	HOUSE 27 Letter	HOUSE 33 Key
HOUSE 2 Clover	HOUSE 10 Scythe	HOUSE 18 Dog	HOUSE 26 Book	
HOUSE 1 Rider	HOUSE 9 Bouquet	HOUSE 17 Stork	HOUSE 25 Ring	

DATE:

THE QUERENT:

THE QUESTION:

OUTCOME:

RECORD EACH CARD IN THE HOUSE IN WHICH IT LANDS. ADD NOTES ABOUT COMBINATIONS.

HOUSE 1 Rider	HOUSE 2 Clover	HOUSE 3 Ship	HOUSE 4 House	HOUSE 5 Tree	HOUSE 6 Clouds	HOUSE 7 Snake	HOUSE 8 Coffin
HOUSE 9 Bouquet	HOUSE 10 Scythe	HOUSE 11 Whip	HOUSE 12 Birds	HOUSE 13 Child	HOUSE 14 Fox	HOUSE 15 Bear	HOUSE 16 Stars
HOUSE 17 Stork	HOUSE 18 Dog	HOUSE 19 Tower	HOUSE 20 Garden	HOUSE 21 Mountain	HOUSE 22 Choice	HOUSE 23 Mice	HOUSE 24 Heart
HOUSE 25 Ring	HOUSE 26 Book	HOUSE 27 Letter	HOUSE 28 Man	HOUSE 29 Woman	HOUSE 30 Lilies	HOUSE 31 Sun	HOUSE 32 Moon
		HOUSE 33 Key	HOUSE 34 Fish	HOUSE 35 Anchor	HOUSE 36 Cross		

LOVE, PARTNERSHIPS (HEART):

WEALTH, POSSESSIONS (FISH):

CAREER, EDUCATION (ANCHOR):

CORNERS (MAIN THEME):

CENTRAL CARDS (FOUR IN MIDDLE):

FATE LINE (BOTTOM ROW):

ADDITIONAL SPACE FOR NOTES. USE WITH CONJUNCT JOURNAL.

Houses Grid

HOUSE 8 Coffin	HOUSE 16 Stars	HOUSE 24 Heart	HOUSE 32 Moon	
HOUSE 7 Snake	HOUSE 15 Bear	HOUSE 23 Mice	HOUSE 31 Sun	
HOUSE 6 Clouds	HOUSE 14 Fox	HOUSE 22 Choice	HOUSE 30 Lilies	HOUSE 36 Cross
HOUSE 5 Tree	HOUSE 13 Child	HOUSE 21 Mountain	HOUSE 29 Woman	HOUSE 35 Anchor
HOUSE 4 House	HOUSE 12 Birds	HOUSE 20 Garden	HOUSE 28 Man	HOUSE 34 Fish
HOUSE 3 Ship	HOUSE 11 Whip	HOUSE 19 Tower	HOUSE 27 Letter	HOUSE 33 Key
HOUSE 2 Clover	HOUSE 10 Scythe	HOUSE 18 Dog	HOUSE 26 Book	
HOUSE 1 Rider	HOUSE 9 Bouquet	HOUSE 17 Stork	HOUSE 25 Ring	

DATE:

THE QUERENT:

THE QUESTION:

OUTCOME:

RECORD EACH CARD IN THE HOUSE IN WHICH IT LANDS. ADD NOTES ABOUT COMBINATIONS.

HOUSE 1 Rider	HOUSE 2 Clover	HOUSE 3 Ship	HOUSE 4 House	HOUSE 5 Tree	HOUSE 6 Clouds	HOUSE 7 Snake	HOUSE 8 Coffin
HOUSE 9 Bouquet	HOUSE 10 Scythe	HOUSE 11 Whip	HOUSE 12 Birds	HOUSE 13 Child	HOUSE 14 Fox	HOUSE 15 Bear	HOUSE 16 Stars
HOUSE 17 Stork	HOUSE 18 Dog	HOUSE 19 Tower	HOUSE 20 Garden	HOUSE 21 Mountain	HOUSE 22 Choice	HOUSE 23 Mice	HOUSE 24 Heart
HOUSE 25 Ring	HOUSE 26 Book	HOUSE 27 Letter	HOUSE 28 Man	HOUSE 29 Woman	HOUSE 30 Lilies	HOUSE 31 Sun	HOUSE 32 Moon
				HOUSE 33 Key	HOUSE 34 Fish	HOUSE 35 Anchor	HOUSE 36 Cross

CORNERS (MAIN THEME):

CENTRAL CARDS (FOUR IN MIDDLE):

FATE LINE (BOTTOM ROW):

LOVE, PARTNERSHIPS (HEART):

WEALTH, POSSESSIONS (FISH):

CAREER, EDUCATION (ANCHOR):

ADDITIONAL SPACE FOR NOTES. USE WITH CONJUNCT JOURNAL.

RECORD EACH CARD IN THE HOUSE IN WHICH IT LANDS, ADD NOTES ABOUT COMBINATIONS.

HOUSE 1 Rider	HOUSE 2 Clover	HOUSE 3 Ship	HOUSE 4 House	HOUSE 5 Tree	HOUSE 6 Clouds	HOUSE 7 Snake	HOUSE 8 Coffin
HOUSE 9 Bouquet	HOUSE 10 Scythe	HOUSE 11 Whip	HOUSE 12 Birds	HOUSE 13 Child	HOUSE 14 Fox	HOUSE 15 Bear	HOUSE 16 Stars
HOUSE 17 Stork	HOUSE 18 Dog	HOUSE 19 Tower	HOUSE 20 Garden	HOUSE 21 Mountain	HOUSE 22 Choice	HOUSE 23 Mice	HOUSE 24 Heart
HOUSE 25 Ring	HOUSE 26 Book	HOUSE 27 Letter	HOUSE 28 Man	HOUSE 29 Woman	HOUSE 30 Lilies	HOUSE 31 Sun	HOUSE 32 Moon
		HOUSE 33 Key	HOUSE 34 Fish	HOUSE 35 Anchor	HOUSE 36 Cross		

DATE:

THE QUERENT:

THE QUESTION:

OUTCOME:

HOUSE 1 Rider	HOUSE 2 Clover	HOUSE 3 Ship	HOUSE 4 House	HOUSE 5 Tree	HOUSE 6 Clouds	HOUSE 7 Snake	HOUSE 8 Coffin
HOUSE 9 Bouquet	HOUSE 10 Scythe	HOUSE 11 Whip	HOUSE 12 Birds	HOUSE 13 Child	HOUSE 14 Fox	HOUSE 15 Bear	HOUSE 16 Stars
HOUSE 17 Stork	HOUSE 18 Dog	HOUSE 19 Tower	HOUSE 20 Garden	HOUSE 21 Mountain	HOUSE 22 Choice	HOUSE 23 Mice	HOUSE 24 Heart
HOUSE 25 Ring	HOUSE 26 Book	HOUSE 27 Letter	HOUSE 28 Man	HOUSE 29 Woman	HOUSE 30 Lilies	HOUSE 31 Sun	HOUSE 32 Moon
		HOUSE 33 Key	HOUSE 34 Fish	HOUSE 35 Anchor	HOUSE 36 Cross		

LOVE, PARTNERSHIPS (HEART):

WEALTH, POSSESSIONS (FISH):

CAREER, EDUCATION (ANCHOR):

CORNERS (MAIN THEME):

CENTRAL CARDS (FOUR IN MIDDLE):

FATE LINE (BOTTOM ROW):

ADDITIONAL SPACE FOR NOTES. USE WITH CONJUNCT JOURNAL.

RECORD EACH CARD IN THE HOUSE IN WHICH IT LANDS. ADD NOTES ABOUT COMBINATIONS.

HOUSE 1 Rider	HOUSE 2 Clover	HOUSE 3 Ship	HOUSE 4 House	HOUSE 5 Tree	HOUSE 6 Clouds	HOUSE 7 Snake	HOUSE 8 Coffin
HOUSE 9 Bouquet	HOUSE 10 Scythe	HOUSE 11 Whip	HOUSE 12 Birds	HOUSE 13 Child	HOUSE 14 Fox	HOUSE 15 Bear	HOUSE 16 Stars
HOUSE 17 Stork	HOUSE 18 Dog	HOUSE 19 Tower	HOUSE 20 Garden	HOUSE 21 Mountain	HOUSE 22 Choice	HOUSE 23 Mice	HOUSE 24 Heart
HOUSE 25 Ring	HOUSE 26 Book	HOUSE 27 Letter	HOUSE 28 Man	HOUSE 29 Woman	HOUSE 30 Lilies	HOUSE 31 Sun	HOUSE 32 Moon
		HOUSE 33 Key	HOUSE 34 Fish	HOUSE 35 Anchor	HOUSE 36 Cross		

DATE:

THE QUERENT:

THE QUESTION:

OUTCOME:

HOUSE 1 Rider	HOUSE 2 Clover	HOUSE 3 Ship	HOUSE 4 House	HOUSE 5 Tree	HOUSE 6 Clouds	HOUSE 7 Snake	HOUSE 8 Coffin
HOUSE 9 Bouquet	HOUSE 10 Scythe	HOUSE 11 Whip	HOUSE 12 Birds	HOUSE 13 Child	HOUSE 14 Fox	HOUSE 15 Bear	HOUSE 16 Stars
HOUSE 17 Stork	HOUSE 18 Dog	HOUSE 19 Tower	HOUSE 20 Garden	HOUSE 21 Mountain	HOUSE 22 Choice	HOUSE 23 Mice	HOUSE 24 Heart
HOUSE 25 Ring	HOUSE 26 Book	HOUSE 27 Letter	HOUSE 28 Man	HOUSE 29 Woman	HOUSE 30 Lilies	HOUSE 31 Sun	HOUSE 32 Moon
			HOUSE 33 Key	HOUSE 34 Fish	HOUSE 35 Anchor	HOUSE 36 Cross	

CORNERS (MAIN THEME):

CENTRAL CARDS (FOUR IN MIDDLE):

FATE LINE (BOTTOM ROW):

LOVE, PARTNERSHIPS (HEART):

WEALTH, POSSESSIONS (FISH):

CAREER, EDUCATION (ANCHOR):

ADDITIONAL SPACE FOR NOTES. USE WITH CONJUNCT JOURNAL.

RECORD EACH CARD IN THE HOUSE IN WHICH IT LANDS. ADD NOTES ABOUT COMBINATIONS.

HOUSE 1 Rider	HOUSE 2 Clover	HOUSE 3 Ship	HOUSE 4 House	HOUSE 5 Tree	HOUSE 6 Clouds	HOUSE 7 Snake	HOUSE 8 Coffin
HOUSE 9 Bouquet	HOUSE 10 Scythe	HOUSE 11 Whip	HOUSE 12 Birds	HOUSE 13 Child	HOUSE 14 Fox	HOUSE 15 Bear	HOUSE 16 Stars
HOUSE 17 Stork	HOUSE 18 Dog	HOUSE 19 Tower	HOUSE 20 Garden	HOUSE 21 Mountain	HOUSE 22 Choice	HOUSE 23 Mice	HOUSE 24 Heart
HOUSE 25 Ring	HOUSE 26 Book	HOUSE 27 Letter	HOUSE 28 Man	HOUSE 29 Woman	HOUSE 30 Lilies	HOUSE 31 Sun	HOUSE 32 Moon
		HOUSE 33 Key	HOUSE 34 Fish	HOUSE 35 Anchor	HOUSE 36 Cross		

DATE:

THE QUERENT:

THE QUESTION:

OUTCOME:

HOUSE 1 Rider	HOUSE 2 Clover	HOUSE 3 Ship	HOUSE 4 House	HOUSE 5 Tree	HOUSE 6 Clouds	HOUSE 7 Snake	HOUSE 8 Coffin
HOUSE 9 Bouquet	HOUSE 10 Scythe	HOUSE 11 Whip	HOUSE 12 Birds	HOUSE 13 Child	HOUSE 14 Fox	HOUSE 15 Bear	HOUSE 16 Stars
HOUSE 17 Stork	HOUSE 18 Dog	HOUSE 19 Tower	HOUSE 20 Garden	HOUSE 21 Mountain	HOUSE 22 Choice	HOUSE 23 Mice	HOUSE 24 Heart
HOUSE 25 Ring	HOUSE 26 Book	HOUSE 27 Letter	HOUSE 28 Man	HOUSE 29 Woman	HOUSE 30 Lilies	HOUSE 31 Sun	HOUSE 32 Moon
		HOUSE 33 Key	HOUSE 34 Fish	HOUSE 35 Anchor	HOUSE 36 Cross		

LOVE, PARTNERSHIPS (HEART):

WEALTH, POSSESSIONS (FISH):

CAREER, EDUCATION (ANCHOR):

CORNERS (MAIN THEME):

CENTRAL CARDS (FOUR IN MIDDLE):

FATE LINE (BOTTOM ROW):

ADDITIONAL SPACE FOR NOTES. USE WITH CONJUNCT JOURNAL.

RECORD EACH CARD IN THE HOUSE IN WHICH IT LANDS. ADD NOTES ABOUT COMBINATIONS.

HOUSE 1 Rider	HOUSE 2 Clover	HOUSE 3 Ship	HOUSE 4 House	HOUSE 5 Tree	HOUSE 6 Clouds	HOUSE 7 Snake	HOUSE 8 Coffin
HOUSE 9 Bouquet	HOUSE 10 Scythe	HOUSE 11 Whip	HOUSE 12 Birds	HOUSE 13 Child	HOUSE 14 Fox	HOUSE 15 Bear	HOUSE 16 Stars
HOUSE 17 Stork	HOUSE 18 Dog	HOUSE 19 Tower	HOUSE 20 Garden	HOUSE 21 Mountain	HOUSE 22 Choice	HOUSE 23 Mice	HOUSE 24 Heart
HOUSE 25 Ring	HOUSE 26 Book	HOUSE 27 Letter	HOUSE 28 Man	HOUSE 29 Woman	HOUSE 30 Lilies	HOUSE 31 Sun	HOUSE 32 Moon
		HOUSE 33 Key	HOUSE 34 Fish	HOUSE 35 Anchor	HOUSE 36 Cross		

DATE:

THE QUERENT:

THE QUESTION:

OUTCOME:

Grand Tableau Layout

HOUSE 1 Rider	HOUSE 2 Clover	HOUSE 3 Ship	HOUSE 4 House	HOUSE 5 Tree	HOUSE 6 Clouds	HOUSE 7 Snake	HOUSE 8 Coffin
HOUSE 9 Bouquet	HOUSE 10 Scythe	HOUSE 11 Whip	HOUSE 12 Birds	HOUSE 13 Child	HOUSE 14 Fox	HOUSE 15 Bear	HOUSE 16 Stars
HOUSE 17 Stork	HOUSE 18 Dog	HOUSE 19 Tower	HOUSE 20 Garden	HOUSE 21 Mountain	HOUSE 22 Choice	HOUSE 23 Mice	HOUSE 24 Heart
HOUSE 25 Ring	HOUSE 26 Book	HOUSE 27 Letter	HOUSE 28 Man	HOUSE 29 Woman	HOUSE 30 Lilies	HOUSE 31 Sun	HOUSE 32 Moon
		HOUSE 33 Key	HOUSE 34 Fish	HOUSE 35 Anchor	HOUSE 36 Cross		

CORNERS (MAIN THEME):

CENTRAL CARDS (FOUR IN MIDDLE):

FATE LINE (BOTTOM ROW):

LOVE, PARTNERSHIPS (HEART):

WEALTH, POSSESSIONS (FISH):

CAREER, EDUCATION (ANCHOR):

ADDITIONAL SPACE FOR NOTES. USE WITH CONJUNCT JOURNAL.

Lenormand Grand Tableau — House Layout

HOUSE 8 Coffin	HOUSE 16 Stars	HOUSE 24 Heart	HOUSE 32 Moon	
HOUSE 7 Snake	HOUSE 15 Bear	HOUSE 23 Mice	HOUSE 31 Sun	
HOUSE 6 Clouds	HOUSE 14 Fox	HOUSE 22 Choice	HOUSE 30 Lilies	HOUSE 36 Cross
HOUSE 5 Tree	HOUSE 13 Child	HOUSE 21 Mountain	HOUSE 29 Woman	HOUSE 35 Anchor
HOUSE 4 House	HOUSE 12 Birds	HOUSE 20 Garden	HOUSE 28 Man	HOUSE 34 Fish
HOUSE 3 Ship	HOUSE 11 Whip	HOUSE 19 Tower	HOUSE 27 Letter	HOUSE 33 Key
HOUSE 2 Clover	HOUSE 10 Scythe	HOUSE 18 Dog	HOUSE 26 Book	
HOUSE 1 Rider	HOUSE 9 Bouquet	HOUSE 17 Stork	HOUSE 25 Ring	

DATE:

THE QUERENT:

THE QUESTION:

OUTCOME:

RECORD EACH CARD IN THE HOUSE IN WHICH IT LANDS. ADD NOTES ABOUT COMBINATIONS.

HOUSE 8 Coffin	HOUSE 16 Stars	HOUSE 24 Heart	HOUSE 32 Moon	**Corners (main theme):**
HOUSE 7 Snake	HOUSE 15 Bear	HOUSE 23 Mice	HOUSE 31 Sun	**Central cards (four in middle):**
HOUSE 6 Clouds	HOUSE 14 Fox	HOUSE 22 Choice	HOUSE 30 Lilies	**Fate Line (bottom row):**
HOUSE 5 Tree	HOUSE 13 Child	HOUSE 21 Mountain	HOUSE 29 Woman	HOUSE 35 Anchor
HOUSE 4 House	HOUSE 12 Birds	HOUSE 20 Garden	HOUSE 28 Man	HOUSE 34 Fish
HOUSE 3 Ship	HOUSE 11 Whip	HOUSE 19 Tower	HOUSE 27 Letter	HOUSE 33 Key
HOUSE 2 Clover	HOUSE 10 Scythe	HOUSE 18 Dog	HOUSE 26 Book	**Love, partnerships (Heart):**
HOUSE 1 Rider	HOUSE 9 Bouquet	HOUSE 17 Stork	HOUSE 25 Ring	**Wealth, possessions (Fish):**
				Career, education (Anchor):

ADDITIONAL SPACE FOR NOTES. USE WITH CONJUNCT JOURNAL.

RECORD EACH CARD IN THE HOUSE IN WHICH IT LANDS. ADD NOTES ABOUT COMBINATIONS.

House 1 Rider	House 2 Clover	House 3 Ship	House 4 House	House 5 Tree	House 6 Clouds	House 7 Snake	House 8 Coffin
House 9 Bouquet	House 10 Scythe	House 11 Whip	House 12 Birds	House 13 Child	House 14 Fox	House 15 Bear	House 16 Stars
House 17 Stork	House 18 Dog	House 19 Tower	House 20 Garden	House 21 Mountain	House 22 Choice	House 23 Mice	House 24 Heart
House 25 Ring	House 26 Book	House 27 Letter	House 28 Man	House 29 Woman	House 30 Lilies	House 31 Sun	House 32 Moon
		House 33 Key	House 34 Fish	House 35 Anchor	House 36 Cross		

DATE:
THE QUERENT:
THE QUESTION:

OUTCOME:

HOUSE 1 Rider	HOUSE 2 Clover	HOUSE 3 Ship	HOUSE 4 House	HOUSE 5 Tree	HOUSE 6 Clouds	HOUSE 7 Snake	HOUSE 8 Coffin
HOUSE 9 Bouquet	HOUSE 10 Scythe	HOUSE 11 Whip	HOUSE 12 Birds	HOUSE 13 Child	HOUSE 14 Fox	HOUSE 15 Bear	HOUSE 16 Stars
HOUSE 17 Stork	HOUSE 18 Dog	HOUSE 19 Tower	HOUSE 20 Garden	HOUSE 21 Mountain	HOUSE 22 Choice	HOUSE 23 Mice	HOUSE 24 Heart
HOUSE 25 Ring	HOUSE 26 Book	HOUSE 27 Letter	HOUSE 28 Man	HOUSE 29 Woman	HOUSE 30 Lilies	HOUSE 31 Sun	HOUSE 32 Moon
		HOUSE 33 Key	HOUSE 34 Fish	HOUSE 35 Anchor	HOUSE 36 Cross		

LOVE, PARTNERSHIPS (HEART):

WEALTH, POSSESSIONS (FISH):

CAREER, EDUCATION (ANCHOR):

CORNERS (MAIN THEME):

CENTRAL CARDS (FOUR IN MIDDLE):

FATE LINE (BOTTOM ROW):

ADDITIONAL SPACE FOR NOTES. USE WITH CONJUNCT JOURNAL.

RECORD EACH CARD IN THE HOUSE IN WHICH IT LANDS. ADD NOTES ABOUT COMBINATIONS.

House 1 Rider	House 2 Clover	House 3 Ship	House 4 House	House 5 Tree	House 6 Clouds	House 7 Snake	House 8 Coffin
House 9 Bouquet	House 10 Scythe	House 11 Whip	House 12 Birds	House 13 Child	House 14 Fox	House 15 Bear	House 16 Stars
House 17 Stork	House 18 Dog	House 19 Tower	House 20 Garden	House 21 Mountain	House 22 Choice	House 23 Mice	House 24 Heart
House 25 Ring	House 26 Book	House 27 Letter	House 28 Man	House 29 Woman	House 30 Lilies	House 31 Sun	House 32 Moon
		House 33 Key	House 34 Fish	House 35 Anchor	House 36 Cross		

DATE:

THE QUERENT:

THE QUESTION:

OUTCOME:

HOUSE 1 Rider	HOUSE 2 Clover	HOUSE 3 Ship	HOUSE 4 House	HOUSE 5 Tree	HOUSE 6 Clouds	HOUSE 7 Snake	HOUSE 8 Coffin
HOUSE 9 Bouquet	HOUSE 10 Scythe	HOUSE 11 Whip	HOUSE 12 Birds	HOUSE 13 Child	HOUSE 14 Fox	HOUSE 15 Bear	HOUSE 16 Stars
HOUSE 17 Stork	HOUSE 18 Dog	HOUSE 19 Tower	HOUSE 20 Garden	HOUSE 21 Mountain	HOUSE 22 Choice	HOUSE 23 Mice	HOUSE 24 Heart
HOUSE 25 Ring	HOUSE 26 Book	HOUSE 27 Letter	HOUSE 28 Man	HOUSE 29 Woman	HOUSE 30 Lilies	HOUSE 31 Sun	HOUSE 32 Moon
		HOUSE 33 Key	HOUSE 34 Fish	HOUSE 35 Anchor	HOUSE 36 Cross		

LOVE, PARTNERSHIPS (HEART):

WEALTH, POSSESSIONS (FISH):

CAREER, EDUCATION (ANCHOR):

CORNERS (MAIN THEME):

CENTRAL CARDS (FOUR IN MIDDLE):

FATE LINE (BOTTOM ROW):

ADDITIONAL SPACE FOR NOTES. USE WITH CONJUNCT JOURNAL.

RECORD EACH CARD IN THE HOUSE IN WHICH IT LANDS. ADD NOTES ABOUT COMBINATIONS.

HOUSE 1 Rider	HOUSE 2 Clover	HOUSE 3 Ship	HOUSE 4 House	HOUSE 5 Tree	HOUSE 6 Clouds	HOUSE 7 Snake	HOUSE 8 Coffin
HOUSE 9 Bouquet	HOUSE 10 Scythe	HOUSE 11 Whip	HOUSE 12 Birds	HOUSE 13 Child	HOUSE 14 Fox	HOUSE 15 Bear	HOUSE 16 Stars
HOUSE 17 Stork	HOUSE 18 Dog	HOUSE 19 Tower	HOUSE 20 Garden	HOUSE 21 Mountain	HOUSE 22 Choice	HOUSE 23 Mice	HOUSE 24 Heart
HOUSE 25 Ring	HOUSE 26 Book	HOUSE 27 Letter	HOUSE 28 Man	HOUSE 29 Woman	HOUSE 30 Lilies	HOUSE 31 Sun	HOUSE 32 Moon
		HOUSE 33 Key	HOUSE 34 Fish	HOUSE 35 Anchor	HOUSE 36 Cross		

DATE:

THE QUERENT:

THE QUESTION:

OUTCOME:

CORNERS (MAIN THEME):

CENTRAL CARDS (FOUR IN MIDDLE):

FATE LINE (BOTTOM ROW):

LOVE, PARTNERSHIPS (HEART):

WEALTH, POSSESSIONS (FISH):

CAREER, EDUCATION (ANCHOR):

ADDITIONAL SPACE FOR NOTES. USE WITH CONJUNCT JOURNAL.

RECORD EACH CARD IN THE HOUSE IN WHICH IT LANDS. ADD NOTES ABOUT COMBINATIONS.

House 1 Rider	House 2 Clover	House 3 Ship	House 4 House	House 5 Tree	House 6 Clouds	House 7 Snake	House 8 Coffin
House 9 Bouquet	House 10 Scythe	House 11 Whip	House 12 Birds	House 13 Child	House 14 Fox	House 15 Bear	House 16 Stars
House 17 Stork	House 18 Dog	House 19 Tower	House 20 Garden	House 21 Mountain	House 22 Choice	House 23 Mice	House 24 Heart
House 25 Ring	House 26 Book	House 27 Letter	House 28 Man	House 29 Woman	House 30 Lilies	House 31 Sun	House 32 Moon
		House 33 Key	House 34 Fish	House 35 Anchor	House 36 Cross		

DATE:
THE QUERENT:
THE QUESTION:
OUTCOME:

HOUSE 1 Rider	HOUSE 2 Clover	HOUSE 3 Ship	HOUSE 4 House	HOUSE 5 Tree	HOUSE 6 Clouds	HOUSE 7 Snake	HOUSE 8 Coffin
HOUSE 9 Bouquet	HOUSE 10 Scythe	HOUSE 11 Whip	HOUSE 12 Birds	HOUSE 13 Child	HOUSE 14 Fox	HOUSE 15 Bear	HOUSE 16 Stars
HOUSE 17 Stork	HOUSE 18 Dog	HOUSE 19 Tower	HOUSE 20 Garden	HOUSE 21 Mountain	HOUSE 22 Choice	HOUSE 23 Mice	HOUSE 24 Heart
HOUSE 25 Ring	HOUSE 26 Book	HOUSE 27 Letter	HOUSE 28 Man	HOUSE 29 Woman	HOUSE 30 Lilies	HOUSE 31 Sun	HOUSE 32 Moon
		HOUSE 33 Key	HOUSE 34 Fish	HOUSE 35 Anchor	HOUSE 36 Cross		

Corners (Main Theme):

Central Cards (Four in Middle):

Fate Line (Bottom Row):

Love, Partnerships (Heart):

Wealth, Possessions (Fish):

Career, Education (Anchor):

Additional space for notes. Use with Conjunct Journal.

Lenormand Houses Board

House 8 Coffin	House 16 Stars	House 24 Heart	House 32 Moon
House 7 Snake	House 15 Bear	House 23 Mice	House 31 Sun
House 6 Clouds	House 14 Fox	House 22 Choice	House 30 Lilies	House 36 Cross
House 5 Tree	House 13 Child	House 21 Mountain	House 29 Woman	House 35 Anchor
House 4 House	House 12 Birds	House 20 Garden	House 28 Man	House 34 Fish
House 3 Ship	House 11 Whip	House 19 Tower	House 27 Letter	House 33 Key
House 2 Clover	House 10 Scythe	House 18 Dog	House 26 Book	
House 1 Rider	House 9 Bouquet	House 17 Stork	House 25 Ring	

DATE:
THE QUERENT:
THE QUESTION:
OUTCOME:

RECORD EACH CARD IN THE HOUSE IN WHICH IT LANDS. ADD NOTES ABOUT COMBINATIONS.

Grand Tableau Layout

HOUSE 1 Rider	HOUSE 2 Clover	HOUSE 3 Ship	HOUSE 4 House	HOUSE 5 Tree	HOUSE 6 Clouds	HOUSE 7 Snake	HOUSE 8 Coffin
HOUSE 9 Bouquet	HOUSE 10 Scythe	HOUSE 11 Whip	HOUSE 12 Birds	HOUSE 13 Child	HOUSE 14 Fox	HOUSE 15 Bear	HOUSE 16 Stars
HOUSE 17 Stork	HOUSE 18 Dog	HOUSE 19 Tower	HOUSE 20 Garden	HOUSE 21 Mountain	HOUSE 22 Choice	HOUSE 23 Mice	HOUSE 24 Heart
HOUSE 25 Ring	HOUSE 26 Book	HOUSE 27 Letter	HOUSE 28 Man	HOUSE 29 Woman	HOUSE 30 Lilies	HOUSE 31 Sun	HOUSE 32 Moon

Additional columns (right side):
- HOUSE 33 Key
- HOUSE 34 Fish
- HOUSE 35 Anchor
- HOUSE 36 Cross

CORNERS (MAIN THEME):

CENTRAL CARDS (FOUR IN MIDDLE):

FATE LINE (BOTTOM ROW):

LOVE, PARTNERSHIPS (HEART):

WEALTH, POSSESSIONS (FISH):

CAREER, EDUCATION (ANCHOR):

ADDITIONAL SPACE FOR NOTES. USE WITH CONJUNCT JOURNAL.

Lenormand Houses Board

HOUSE 8 Coffin	HOUSE 16 Stars	HOUSE 24 Heart	HOUSE 32 Moon	
HOUSE 7 Snake	HOUSE 15 Bear	HOUSE 23 Mice	HOUSE 31 Sun	
HOUSE 6 Clouds	HOUSE 14 Fox	HOUSE 22 Choice	HOUSE 30 Lilies	HOUSE 36 Cross
HOUSE 5 Tree	HOUSE 13 Child	HOUSE 21 Mountain	HOUSE 29 Woman	HOUSE 35 Anchor
HOUSE 4 House	HOUSE 12 Birds	HOUSE 20 Garden	HOUSE 28 Man	HOUSE 34 Fish
HOUSE 3 Ship	HOUSE 11 Whip	HOUSE 19 Tower	HOUSE 27 Letter	HOUSE 33 Key
HOUSE 2 Clover	HOUSE 10 Scythe	HOUSE 18 Dog	HOUSE 26 Book	
HOUSE 1 Rider	HOUSE 9 Bouquet	HOUSE 17 Stork	HOUSE 25 Ring	

DATE:

THE QUERENT:

THE QUESTION:

OUTCOME:

RECORD EACH CARD IN THE HOUSE IN WHICH IT LANDS. ADD NOTES ABOUT COMBINATIONS.

HOUSE 1 Rider	HOUSE 2 Clover	HOUSE 3 Ship	HOUSE 4 House	HOUSE 5 Tree	HOUSE 6 Clouds	HOUSE 7 Snake	HOUSE 8 Coffin
HOUSE 9 Bouquet	HOUSE 10 Scythe	HOUSE 11 Whip	HOUSE 12 Birds	HOUSE 13 Child	HOUSE 14 Fox	HOUSE 15 Bear	HOUSE 16 Stars
HOUSE 17 Stork	HOUSE 18 Dog	HOUSE 19 Tower	HOUSE 20 Garden	HOUSE 21 Mountain	HOUSE 22 Choice	HOUSE 23 Mice	HOUSE 24 Heart
HOUSE 25 Ring	HOUSE 26 Book	HOUSE 27 Letter	HOUSE 28 Man	HOUSE 29 Woman	HOUSE 30 Lilies	HOUSE 31 Sun	HOUSE 32 Moon
				HOUSE 33 Key	HOUSE 34 Fish	HOUSE 35 Anchor	HOUSE 36 Cross

LOVE, PARTNERSHIPS (HEART):

WEALTH, POSSESSIONS (FISH):

CAREER, EDUCATION (ANCHOR):

CORNERS (MAIN THEME):

CENTRAL CARDS (FOUR IN MIDDLE):

FATE LINE (BOTTOM ROW):

ADDITIONAL SPACE FOR NOTES. USE WITH CONJUNCT JOURNAL.

Lenormand Houses Board

HOUSE 8 Coffin	HOUSE 16 Stars	HOUSE 24 Heart	HOUSE 32 Moon	
HOUSE 7 Snake	HOUSE 15 Bear	HOUSE 23 Mice	HOUSE 31 Sun	
HOUSE 6 Clouds	HOUSE 14 Fox	HOUSE 22 Choice	HOUSE 30 Lilies	HOUSE 36 Cross
HOUSE 5 Tree	HOUSE 13 Child	HOUSE 21 Mountain	HOUSE 29 Woman	HOUSE 35 Anchor
HOUSE 4 House	HOUSE 12 Birds	HOUSE 20 Garden	HOUSE 28 Man	HOUSE 34 Fish
HOUSE 3 Ship	HOUSE 11 Whip	HOUSE 19 Tower	HOUSE 27 Letter	HOUSE 33 Key
HOUSE 2 Clover	HOUSE 10 Scythe	HOUSE 18 Dog	HOUSE 26 Book	
HOUSE 1 Rider	HOUSE 9 Bouquet	HOUSE 17 Stork	HOUSE 25 Ring	

DATE:
THE QUERENT:
THE QUESTION:
OUTCOME:

RECORD EACH CARD IN THE HOUSE IN WHICH IT LANDS. ADD NOTES ABOUT COMBINATIONS.

HOUSE 1 Rider	HOUSE 2 Clover	HOUSE 3 Ship	HOUSE 4 House	HOUSE 5 Tree	HOUSE 6 Clouds	HOUSE 7 Snake	HOUSE 8 Coffin
HOUSE 9 Bouquet	HOUSE 10 Scythe	HOUSE 12 Whip	HOUSE 11 Birds	HOUSE 13 Child	HOUSE 14 Fox	HOUSE 15 Bear	HOUSE 16 Stars
HOUSE 17 Stork	HOUSE 18 Dog	HOUSE 19 Tower	HOUSE 20 Garden	HOUSE 21 Mountain	HOUSE 22 Choice	HOUSE 23 Mice	HOUSE 24 Heart
HOUSE 25 Ring	HOUSE 26 Book	HOUSE 27 Letter	HOUSE 28 Man	HOUSE 29 Woman	HOUSE 30 Lilies	HOUSE 31 Sun	HOUSE 32 Moon
		HOUSE 33 Key	HOUSE 34 Fish	HOUSE 35 Anchor	HOUSE 36 Cross		

CORNERS (MAIN THEME):

CENTRAL CARDS (FOUR IN MIDDLE):

FATE LINE (BOTTOM ROW):

LOVE, PARTNERSHIPS (HEART):

WEALTH, POSSESSIONS (FISH):

CAREER, EDUCATION (ANCHOR):

ADDITIONAL SPACE FOR NOTES. USE WITH CONJUNCT JOURNAL.

Made in the USA
San Bernardino, CA
21 December 2018